POESÍA DEL SILENCIO

Beatrix Morillas

COLECCIÓN ITES

POESÍA DEL SILENCIO

© Beatriz González Morillas
© Prólogo: Fermín Beruete Valencia
© Ilustraciones de portada e interior:
   Beatriz González Morillas
© de esta edición: Olé Libros, 2025

ISBN: 978-84-10053-99-1
Depósito legal: V-86-2025
Impreso en España

KALOSINI, S. L.
Grupo editorial olélibros
equipo@olelibros.com
www.olelibros.com

*Deseo expresar mi más profundo reconocimiento y agradecimiento
a las mujeres que han sido y siguen siendo mis maestras
por haberme enseñado a detenerme y observar el mundo en silencio,
con la mirada desnuda y tratando de abrazar la belleza.*

«Cada persona brilla con luz propia entre todas las demás»,
afirma Galeano en *El libro de los abrazos*. Gracias a cada una
de esas luces, esos «fuegos que arden la vida con tantas ganas
que no se puede mirarlos sin parpadear, y quien se acerca, se
enciende». Ellos habitan mis versos.

Sólo quien ha vivido en idilio constante con la belleza, morirá en sus brazos.

Kakuzo Okakura, *El Libro del Té.*

El silencio

Cuando solo los versos escuchan tu secreto,
cuando el silencio contiene toda la verdad,
cuando el viento acaricia tu espalda desnuda y solitaria,
solo entonces,
el mundo existe.

La historia jamás escrita

Que la noche te lleve mis palabras
para construir la historia que jamás escribí,
pero siempre existió.

Sé que puedes leer en mi piel como en un libro
cuyas páginas siempre has recorrido suavemente con tus ojos.

Cinco lunas y volver a nacer

Quiero avanzar el tiempo para llegar a ti.
Sé que es absurdo soñar tus besos,
imposible acariciar el milagro,
no doblegarme al ímpetu de esta fuerza que me lleva hacia ti.
La bestia en mis entrañas hambrienta aguarda.
Te veo, allá a lo lejos.
Avanzo un paso, pero son años hasta poder abrazarte.
Cada pisada es la eternidad que me separa de ti,
cinco lunas y volver a nacer.

Engañar a la muerte

Solo mirarte, solo escucharte,
habitar el tiempo cálido entre nosotros.
Almas sin nombre,
rostros sin nombre,
cuerpos sin nombre.

Profanar al menos unas horas la esperanza,
engañar a la muerte
para no engañarnos a nosotros,
y ser libres, al fin.

Mi templo

En el viento tu imagen me arde.
El deseo se extiende imparable quemándolo todo,
el silencio, el vacío, el tiempo,
las ramas, las raíces, la tierra.
Todo se consume en la quietud de no tenerte,
esta espera que enferma mis ríos y mareas.

Acaricio mis labios pensando los tuyos.
Te refugias entre mis piernas
y acojo tu cintura entre mis brazos,
recorriendo tus cimas hasta el océano de tus ojos.

Rompe contra los acantilados
un alarido que desde mis entrañas te invoca.
Ven a mí, muy despacio y sigiloso.
Clava tu mirada en estas aguas que te miran.
Escucha la sangre que embiste mi corazón.
Inunda mis tierras y mis valles.
Devora estos húmedos frutos que se derraman entre tus dedos
y tus cálidas manos que al fin me reconocen.

Cabalgando la noche sobre ti erijo mi templo.
Las estrellas coronan mi cuerpo que desnudo te mece y te acaricia.
Cierro mis ojos y exhalo esta dulce muerte eterna
que ahora me devuelve a la vida.

DESEO

Mi sexo hambriento se derrama
y no puedo contener esta sed que te encierra en su lava ardiente.
Clavo mis ojos en tu garganta hasta penetrar en tus sueños y tus deseos.
Te recorro la piel con mi aliento contenido que estalla en el silencio.
Te desnudo y te muerdo
hasta devorar tus palabras.

HABITACIÓN DE HOTEL

«Eres demasiado joven para entender lo que sucede ante tus ojos»,
te dices recordando ahora, veinte años después, aquella habitación de hotel.
Ya no te detienes para mirar hacia arriba cuando vuelves a pasar por esa calle
que ya no recuerda tu cuerpo desnudo sobre él.

No importa si no lo amas todavía,
solo deseas que se sumerja en ti recorriendo el silencio
                               [que se esconde en tu vientre
y acaricia tus pechos.

Su lengua es una serpiente entre mis piernas.
Mi lengua, torpe aún, como una mariposa,
se posa suavemente en las ramas que se mecen.

Tam-tam, tam-tam,
el fuego avanza lentamente.
Tam-tam, tam-tam,
las llamas brillan suavemente.
Tam-tam, tam-tam,
cenizas que se apagan dulcemente.

Aquella canción queda grabada en tu piel para siempre.
Esas pupilas que te miran sin parpadear
son en realidad tus ojos que aprenden a abrirse paso al mundo
                               [sin miedo al dolor.

Te marchas.
Él también.
Después solo hay lluvia.
Una lluvia que no cesa.
Un olvido que no cesa.

Ríos

Mujer que creces y alcanzas el cielo con tus infinitas ramas,
el viento te mece, te agita, te estremece.
Tu savia es el amor que derramas.
Cóncavo, erizado, vetusto y áspero tiempo es la piel.
Inmensos páramos se abren paso en tu desnudez.
Tus piernas y tus ríos sacian la sed.
Hermosa sirena que húmeda te escurres entre sus manos y sus labios,
abrazas la noche, amándola tan despacio.
Cierras los ojos adentrándote en ella
y el amor se derrama, cálido en su boca,
ahuyentando la muerte un poco más todavía.

Ajeno a las lluvias de noviembre

La piel áspera de mis manos, como cáscara de nuez.
El arenoso rostro que caduco envejece en el espejo.

Nuestro amor, ajeno a las lluvias de noviembre, escurridizo,
se desliza como agua cristalina de un riachuelo.

Sediento, bebes entre mis piernas, llenando tus labios
                              [del manantial eterno de mi deseo.
El río crece dentro de mi boca, hermoso.

La culebra de aguas dulces acaricia las suaves corrientes
                   [que se derraman en tu lengua y mueren en mi alma.

Tierra húmeda

La ropa cubre mi cuerpo,
un cuerpo encerrado demasiado tiempo, lejos de ti,
huérfano de tus manos cálidas.

La lluvia acaricia tu mirada.
Tus palabras acarician mi alma.
El tiempo mece las hojas y los días arrebatados.

Una a una me van cayendo las penas de estas ramas
                    [que abrazan el cielo hasta llegar a ti.

Mi sauce le llora al viento.
Mi tierra, húmeda, evoca tu cuerpo.
Te meces en mí como la espuma del océano en mis arrecifes.

Estoy preñada de un deseo insaciable de ti.
Mis aguas desbocadas inundan las calles sedientas
                    [y desoladas sin nuestras almas.

Avanza, imparable, una ardiente tempestad
                    [que febril me consume.
Sublime tormenta que, al fin, solo en ti culminará.

CAE LA NOCHE

Yo camino por las noches solitarias de tus sueños
[que son nubes y lunas,
por calles desiertas, huérfanas, de pisadas tristes,
y mastico tus recuerdos, amargos por el olvido,
y ya no te encuentro.

¿Qué es lo que contemplas esta noche que detiene tu mirada?
Yo me enredo entre tu pelo que me abandona,
y ya no te encuentro.
Cae la noche y tú no estás en ella.
Una mano arrancó de tus labios la palabra.
La palabra arrancó de tu corazón una lágrima.
Esa lágrima arrancó de tu piel el tiempo.
El tiempo me arrancó de ti.
Y ahora no te encuentro.

Cae la noche.
Esa mentira es mía, muérdela.
Muérdela entera.
Devora esa mentira con tu rabia, ávidamente
[y dolorosamente, engúllela.
Esa mentira te desnudó hasta la garganta.
Te sacudió, te hizo suya hasta hundirte en su piel.
Esa mentira fuiste tú y te anhelo.

Ave de paso

Ave de paso que olvidaste cómo desplegar tus alas y volar.
Llévate todos los besos que me robaste,
                              [esos que ya nunca serán tuyos.
Llévate la piel, las caricias
y encierra tu alma asustada y herida en un desierto
                              [muy lejos de aquí.
Entierra tus palabras en ese silencio que me agarra de los pies
y me impide abrazar las estrellas
y volar sin miedo hacia la inmensidad.

Ya no soy

¿Para qué sirve este cuerpo que no siente nada?
El cuerpo muerto.
El alma muerta.
Ya nada queda.
Ya nada siento.
Y aunque tuviese tu cuerpo, seguiría muerta.

Es esta muerte la que siento, amarga y blanca en mi lengua.
Un dolor octogenario,
un infinito letargo.
Ya no te amo.
Ya no me amo.
Ni cuerpo ni alma.
Ya no soy.
Ya nada queda.
Solo el vacío de este cuerpo que muerto se apaga.

OLVIDAR TU NOMBRE

Tendré que matarte y así olvidar tu nombre, tus ojos, tu silencio.
Quiero que te engulla la noche con sus fauces.
Tú desnudas mi verdad, como en un sueño.
Siento el miedo que recorre mi cuerpo al mirarte,
al presagiarte,
al recordarte
y desafiarte.

Las voces que me habitan

Yo no entiendo esta voz que soy,
ni este cuerpo que me domina
ni este castigo que lo deja huérfano y sin caricias ni abrazos.

Se llena la sangre de frío,
un frío que corta la noche y vacía mi vientre.

Yo no encuentro esta voz que soy
ni este cuerpo que me encierra.
No entiendo a la mujer que me doblega
ni a los miedos que silencian mi garganta.

Tanto deseo muerto en mi boca, derramándose entre mis manos.
Tanto deseo soñado y arrojado al vacío.

No entiendo estas voces que me habitan,
que retuercen mis tripas y convulsas sacuden el líquido
                              [que se escurre entre mis dedos y mis labios.
Siento la piel desnuda, aguardando tus manos,
pero ella muere en el lecho, en las sábanas, en el horizonte.
Ella muere sin ser.
¿Quién es esa mujer que rota me destroza?
¿Qué animal es ese que me ladra la piel?
Arde mi sed, mi grito quebrado en el alma más profunda de la carne.
No entiendo esa mujer que soy y que nunca fui ni jamás seré.

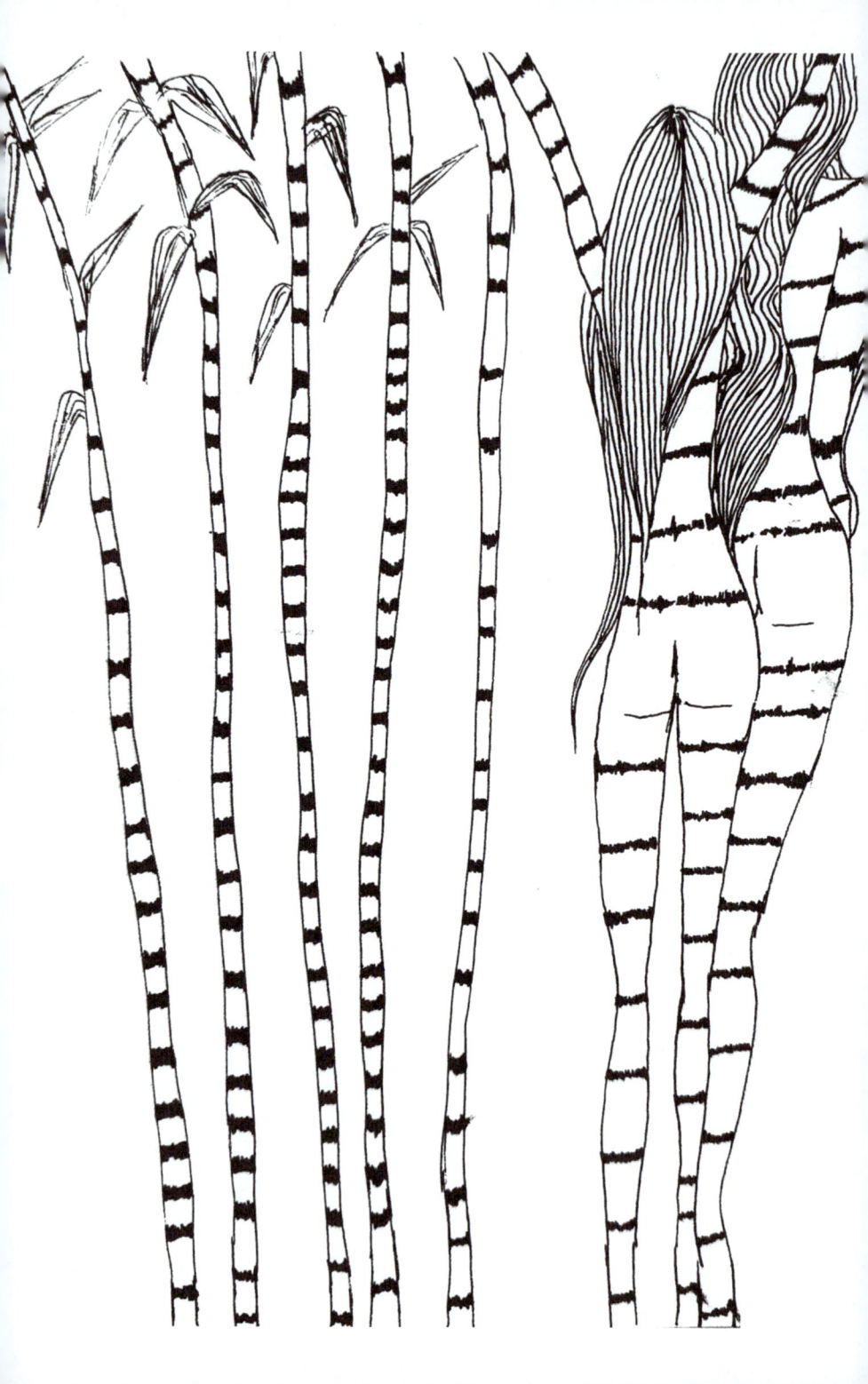

ESE VIENTO QUE ACARICIA EL ALMA

No alcanzo a sentir paz.
Me falta el espíritu,
el viento que acaricia el alma,
que hace volar el cuerpo y rozar el cielo,
sentir el desierto aunque nunca hayamos estado en él.

Nos baña en su oleaje tibio y sacro, reconfortante.
Nos hace morir soñando y soñar otras vidas.
Aquellas que jamás seremos.
Nos arranca la piel a mordiscos para hacernos sentir vivos
[e inmortales.
Dioses y hombres.
Tierra y mar.
Horizonte y oscuridad.
Sentir las venas abiertas y el aire que calla un secreto.
Ese viento que acaricia el alma.

CALLES SOLITARIAS

Sagrada tumba que contemplas esta noche,
son los versos rotos y desgarrados de las calles solitarias
      [que ha barrido el olvido llorando en la tormenta.

Las escamas de un pez

Quisiera entregar mi cuerpo,
que no fuera mío ya,
arrancar mi alma de esta piel fría, como las escamas de un pez.

Brilla en la profundidad del océano,
pero el silencio lejano como un recuerdo casi olvidado lo esconde.

Esta noche es oscura, como el dolor que te muerde.
Nunca podré decirte lo que soy, lo que encierran mis demonios.

SILENCIOSA MORADA

El otoño, las hojas, la vida, las vidas que caen.
La soledad es inmensa. Nos envuelve, nos acompaña.
Nos habita silenciosamente.
Ella es nuestra poderosa morada.

LUZ DE PRIMAVERA

El sol vuelve a nacer de nuevo.
El invierno muere, despacio, y muda sus pieles.
Siento que ya llega,
luz de primavera.
Las aves surcan el cielo en una hermosa danza
hacia un lugar al que habremos de llegar, algún día.
Verdes campos de naranjos en el horizonte.
A lo lejos, el mar.

NARANJAS HUÉRFANAS DE ABRIL

La bruma se desliza lentamente en el horizonte
[como una inquietud que, todavía presente, se desvanece.

El vuelo bajo de las aves aguarda la tormenta.
Un gato blanco avanza despacio y, sin prisa alguna,
       [se oculta entre los arbustos, inmóvil, a la espera.

El silencio en el cielo gris extiende sus largos brazos
              [y sella mis labios.

Me conmueve la solemne quietud de los árboles,
      [el olvido marchito de la hierba muerta,
las naranjas huérfanas de abril.

EL ÁRBOL

El árbol desapareció, un día.
Lo arrancaron de raíz,
    [como se arranca a un anciano los recuerdos de su madre.
Nada será ya igual sin él.
Y más tarde, también nosotros habremos de partir.
Dejaremos nuestras raíces en algún lugar donde,
            [allí, crecerán hasta abrazar el cielo.

Palabras ausentes

Tan solo el papel para escribir
          [y recordar las palabras ausentes y lejanas hoy,
húmedas bajo un cielo de nubes eternas.
Tranquila, como la mar en los días tristes de lluvia,
observo a través de la ventana
el resplandor de mis recuerdos de infancia.

El misterio

Las palabras, la voz, el sonido, el silencio.
Esa lengua, jamás olvidada, a través de la cual solo los poemas cobran vida,
como surge el misterio, de pronto.

ESTELAS DE MI INFANCIA

«Girasol»
es la palabra de mi niñez.
Los tam-tam de Senghor,
la voz dulce de Moustaki,
la mirada inocente de una niña.

La música de mi infancia es hermosa.
Es una maestra de ojos azules y ternura en su alma,
es un largo viaje estival,
es el patio, sola, los días de lluvia en el colegio.

Es Pierrot el loco y la condición humana,
es la caída,
el extranjero.
Pero también es el miedo.

Son las palabras que hoy no puedo recordar,
fábulas y poemas que, sin embargo, jamás olvidé.

Antaño, ansiaba tanto poder partir.
Hoy anhelo aquellos años y esos días
que ya son solo polvo,
eterna y bella estela de mi infancia.

A PESAR DEL OLVIDO

Cuéntame una historia.
Llévame lejos,
allí donde sentada, lápiz en mano, escucho a la maestra.
Su voz se hunde en mi piel,
la piel de esta niña que jamás se fue,
a pesar del tiempo que se escapa,
a pesar de las hojas arrancadas de mi rostro,
a pesar del olvido.

El camino que todavía nos queda

En ocasiones olvido el tiempo que hiere, las arrugas
                                    [y la muerte que se apresura.
El espejo me devuelve ahora otro rostro.
Siempre añoraré tu ternura.

Recorreremos el camino que todavía nos queda.
Tu mano en la mía,
tu mirada repleta de luz,
tu espíritu desbordante de vida y alegría,
a pesar de la muerte,
a pesar del olvido.

MEMENTO MORI

Prepararse para morir es estar listo para marcharse
               [y que el mundo siga su curso sin nosotros.
No es menester equipaje para este viaje.
Tan solo estar en paz.

Cada día, hacer algo hermoso.
Un último acto.

La luz está en los ojos que observan el mundo
                    [con la ilusión de un niño.
La paz está en tu pecho,
serena morada de tus recuerdos.
Y el tiempo, que veloz se escapa,
en tus manos está.

LOS CIMIENTOS DE MI EXISTENCIA

La belleza de tu ser ha impregnado todo lo que veo y siento.
Ya no me es posible vivir sin esa ternura,
                    [sin esa forma de entender el amor.
Te asientas en los cimientos de mi existencia.
Las raíces son grandes y profundas,
se extienden por todo mi cuerpo,
como las venas que llevan mi sangre.

LA RISA LLEVA TU NOMBRE

La risa lleva tu nombre,
la eterna risa en tu rostro.
El ingenio agudo de un corazón noble,
el paso firme y veloz del doctor, allá donde va.
Los brazos y las piernas fuertes de Apolo,
que nunca se detiene,
que surca océanos y tempestades.

La belleza se despliega cada mañana
cuando dispone, con ternura,
un plato de fruta cuidadosamente lavada y cortada para ella.
El amor que no cesa en cada uno de sus gestos, heroicos o triviales.

No conozco ni conoceré otro horizonte más puro que el de tu mirada,
inocente y lúcida a la vez,
incondicional y leal.

Cada día abrazamos la dicha con tu risa.
Tus palabras, agua de un lago,
tan sagaces y cristalinas,
emergen, de pronto, como una magia inexplicable.

Y después, tu silencio, esa presencia callada que todo lo envuelve,
el sonido constante de tu inquietud que no duerme.

La risa lleva siempre tu nombre.
La risa es tu abrazo eterno en mi alma,
es la estela que dejas en mis días y mis recuerdos,
es el amor que envuelve con ella mi fina piel,
es la música en una habitación silenciosa,
es la fragancia de un recuerdo olvidado,
es el sol que ilumina la noche,
es la fuerza que todo lo puede,
es el instante capturado en una hermosa fotografía,
única, eterna, inmortal.

INSTANTE SUSPENDIDO EN EL TIEMPO

Todo se detendrá, como un instante suspendido en el tiempo.
Cerraré mis párpados sabiendo que la belleza perdurará,
como la imagen eterna de una fotografía.

Tus manos de harina

Tejiste un lazo entre mis manos y las tuyas, acartonadas
                                        [y aterciopeladas,
como la harina amasando el pan, todavía joven.
Un lazo infinito y profundo,
capaz de sobrevivir a los pliegues del tiempo y el olvido.

MADRE

Serás siempre la suave brisa del atardecer, junto a la ventana,
esa que mece las ramas en el silencio del ocaso,
cuando la oscuridad se aleja, sigilosa,
                    [y la soledad estremece el alma.

La nieve sepultará el camino con un insondable manto blanco
y yo me cobijaré del gélido invierno
                    [abalanzándome sobre tu pecho.

Cogeré tus manos
y abrazaré la ternura infinita que habita en ellas.
Tu fuego me alumbrará con ímpetu
                    [más allá de los abismos del desierto.

Y mis noches se llenarán,
hasta el fin de mis días,
de tu ardiente y poderosa luz.

ÍNDICE